गरीबी हटाओ, अमीर बनो ।

पैसों का पूरा ज्ञान आसान शब्दों में...

राजेन्द्र वर्मा

क्रम-सूची

प्रस्तावना — v

भूमिका — vii

पावती (स्वीकृति) — ix

1. Desire - Burning Desire मतलब तीव्र इच्छा — 1

2. Faith विश्वास — 2

3. Auto Suggestions आत्म सुझाव — 3

4. Specialised Knowledge विशेष ज्ञान — 4

5. Imagination कल्पनाशक्ति — 5

6. Orginazed Planing संगठित योजना — 6

7. Decision निर्णय — 7

8. Persistence दृढ़ता — 8

9. Power Of Master Mind मास्टरमाइंड की शक्ति — 9

10. Sex Power यौन शक्ति — 10

11. Subsconsious Mind अवचेतन मन — 11

12. The Brain दिमाग — 12

13. Six Sense छठी इंद्री — 13

14. गरीब से अमीर कैसे बने ? — 14

15. करोड़पति कैसे बने? — 15

16. कम समय में अमीर कैसे बने? — 20

प्रस्तावना

राजेंद्र वर्मा और (अपनी सक्सेस का दरवाज़ा खोले।)किताब कि प्रसंशा में....

" राजेंद्र वर्मा हमें दौलत के महल का ब्लू प्रिंट और उसे बनाने के औजार देते है ताकि यह समय और परिस्थितियों के इम्तहान में भी मजबूती से खड़ा रह सके ।"

-- विक्की नरनावत (गुड़गांव हरियाणा से ..)

" आप सभी को इस किताब को सामान्य किताब की तरह नहीं पढ़ना चाहिए बल्कि इसे ऐसे पढ़ना चाहिए जैसे कि आप अमीरी के ताले की चाबी लिए घूम रहे हो ।"

- सरोज वर्मा (सिरसा हरियाणा से..)

"राजेंद्र वर्मा जैसी कथनी, वैसी करनी का बहुत अच्छा उदाहरण हैं। अगर आप सफलता के नए स्तर पर तेज़ी से पहुंचना चाहते हैं,तो मेरा सुझाव है कि आप जबरदस्त किताब के हर शब्द को याद कर ले । इनकी सलाह पर अमल करेंगे तो समृद्धि आपके कदम चूमेगी।" - जसविंदर सिंह (पंजाब से ...)

"अपनी सक्सेस का दरवाजा खोले। ये किताब बहुत ही अमेजिंग किताब है जिसमें आपको अमीर बनने के बहुत सारे तरीकों के बारे में बताया गया है ,बहुत कुछ नया सीखने को मिलेगा और मेरा सभी से सुझाव है जिसने भी ये किताब नहीं पढ़ी वो एक बार इस किताब को जरूर पढ़े तभी आप इसकी वैल्यू समझ पायेंगे । "

- सहयोग कर्ता,डिजिटल एंटरप्रेन्योर मोनिका जांगड़ा (हिसार से...)

भूमिका

कृतज्ञता

यह किताब लिखने से पहले मैं शुक्रिया अदा करना चाहता हूं अपनी प्यारी मां श्रीमती निर्मला देवी, पूजनीय पिताजी श्री पूर्ण सिंह वर्मा और मेरी तीनों बहनों, मेरे मामा जी श्री धर्मपाल वर्मा व मेरी बहन सरोज वर्मा (अरनियांवाली से) जो मुझे हमेशा सफल देखने के लिए प्रोत्साहित करते रहते हैं। शुक्रिया अदा करता हूं जिन्होने मुझे आगे बढ़ने में मदद की है। मैं अपने समाज के उन सभी गरीब व बेरोजगारों को शुक्रियां अदा करता हूं जिनके लिए मैं कुछ अच्छा करना चाहता हूं और संघर्ष करता रहता हूं।

हे! परमेश्वर आपको भी कोटि कोटि धन्यवाद आपने इज़्जत से भरा जीवन दिया है, हाथ, पैर, दिमाग, आंखे, बुद्धि, ज्ञान और सभी अंग सही सलामत दिए और लोगों की भलाई करने के लिए आपने मुझे चुना आपका कोटि कोटि धन्यवाद।
जाने अनजाने में मैंने किसी को दुःख पहुंचाया हो या मेरे कारण किसी की क्षति हुई हो तो आज मैं परम पिता परमात्मा को साक्षी मानकर उन सबसे माफ़ी मांगता हूं, हो सके तो वो मुझे माफ कर दे। इस किताब में अगर कोई शब्द गलत हुआ है तो कृप्या ठीक करके पढ़ लीजिए और हो सके तो मुझे माफ कर दीजिएगा।
यह किताब आपके पास है इसका मतलब है आप सच में अमीर बनना चाहते है। आप कैसे अमीर बनना चाहते हैं यह आप पर निर्भर है। इस किताब में मैं आपको उन रहस्यों के बारे में बताऊंगा जिन्हें जानकार बहुत लोग अमीर बने हैं।

पावती (स्वीकृति)

सबसे पहले मैं धन्यवाद करता हूं मेरे परमपिता परमात्मा व मेरे मेरे माता पिता का जिन्होंने मुझे इस काबिल बनाया ताकि मैं लोगों की जिंदगी को सुधार सकू।

बहुत पाठको की राय के मुताबिक मैं अपना पता था मेंशन कर रहा हूं।
राजेंद्र वर्मा s/o श्री पूर्ण सिंह वर्मा
गांव - भूथन कलां
तहसील व जिला - फतेहाबाद
राज्य - हरियाणा
पिनकोड – 125050
    call /Whatsapp: 8059671621

सबसे पहले मैं आपको धन्यवाद करता हूं इस बुक को खरीदने के लिए क्यों क्योंकि आप सच में वह इंसान हो जो अपनी जिंदगी में सीरियसली कुछ बड़ा करना चाहते हो, कुछ सीखना चाहते हो, बहुत कम लोग ऐसे होते हैं जो खुद पर इन्वेस्ट करते हैं, इस बुक को खरीद कर आपने खुद को उन लोगों से आगे कर लिया जिन्होंने यह बुक मिस कर दी! अगर आप भी चाहते तो आप भी इस बुक खरीदने के पैसे कहीं और लगा सकते थे लेकिन नहीं, आपने यह बुक खरीदी है तो पता चलता है आप कुछ नया सीखने और सक्सेस होने के राज को जानना चाहते हो तो मेरा भी यह फर्ज बनता है कि आपका दिए पैसे का एक-एक पाई बिल्कुल भी वेस्ट ना जाए तो आपको मैं गारंटी देता हूं इस बुक को जब आप पूरी रीड करोगे तो आपको जो इसमें सीखने को मिलेगा वह आप लाखों रुपए खर्च करने के बाद भी नहीं जान पाओगे और अगर कोई सिखाएगा भी तो हजारों में चार्ज करेंगे आप पहले बुक पढ़ो उसके बाद आप खुद ही बोल दोगे कि हमारा एक भी पैसा वेस्ट नहीं हुआ तो ज्यादा टाइम वेस्ट ना करते हुए चलिए स्टार्ट करते हैं

एक रहीश इंसान जिसने टेक्नोलॉजी से काफ़ी पैसा कमाया, जीनियस था 20 की उम्र तक WiFi Router डिजाइन करके कई खोजे अपने नाम कर ली और कई कंपनी तो खरीद कर बेच दी। लेकिन वो बचकानी हरकतों से भरा पड़ा था। अपनी जेब में नोटों की गड्डियां लेकर घूमता था ताकि एटीट्यूड से बात करते हुए किसी को बोल पाएं कि तुझे पता नहीं मैं कितना अमीर हूं तुझे तो मैं खड़ा खड़ा खरीद सकता हूं, शो ऑफ करता अनहेल्थी लाइफ जीता ,ड्रग्स पार्टी अल्कोहल सेक्स सब चलता । एक बार एक होटल मैनेजर को नोटों की गड्डी देकर बोला जाओ 1000 डॉलर के 1000 गोल्ड कॉइंस ले आओ टोटल 8 करोड़ रुपए के सिक्के होते है ये इंडियन रुपए में, पता है इन भाई साहब को ये सिक्के कहा चाहिए थे। दोस्त के साथ समुंद्र में दूर तक फेंकने के लिए की देखे किसका दूर तक जाता है । सोने के सिक्के पत्थर की तरह फेंकने के लिए । एक बार इस रहीश इनसान ने होटल का लैंप तोड़ दिया था तो होटल मैनेजर ने बोला सर ये 500 डॉलर का था तो इस रहीश इनसान ने मैनेजर के मुंह पर 5000 डॉलर मारे और बोला दफा हो जाओ था से और आईंदा मुझे अपनी शक्ल मत दिखाना। ऐसे ही चलता रहा बहुत जल्द सुनने में आया जीनियस करोड़पति और घमंडी इंसान कंगाल हो गया दिवालिया हो गया ।लोन सिर पर आ गए और सब कुछ चला गया खत्म कहानी । लोग अमीर बन जाते है लेकिन बने नहीं रहते हैं, और बड़े गर्व से कहते है हमने हमारे जमाने में बहुत पैसा उड़ाया। आप कितने ही स्मार्ट हो ,आप कितने ही इंटेलिजेंट हो एक स्किल आपके अंदर नहीं है तो सब कमाकर भी खो देंगे और वो है Behavioural skill .

अब ये पढ़ो Ronald Read कुछ खास पढ़े लिखे नहीं थे 25 साल गैस एजेंसी में अटेंडेट की जॉब करी,17 साल JC penic Company में फ्लोर साफ करने का काम किया ,12000 डॉलर का 2 बेडरूम घर खरीदा वो भी 38 की उम्र में उसमे जीवन भर रहे,50 की उम्र तक इनकी wife चली जाती, दुसरी शादी भी नहीं की ओर 2014 मे 92 की उम्र में इनकी डेथ हो गई और इंटरनेशनल न्यूजपेपर में इनके नाम की धूम मच गई, क्यों? क्योंकि इनके पास 8 मिलियन डॉलर थे,यानी की 64 करोड़ रुपए थे। 2 मिलियन बच्चों को दिए यानी की 16 करोड़ रुपए ,और बाकी के पैसे होटल बनवाने स्कूल बनवाने में और दान में दिए । आखिर सवाल ये है कि सफ़ाई करने वाले के पास इतने पैसे आए कहां से , कोई लॉटरी नहीं जीती कोई रहस्यमई बात नहीं है,बेसिक सी बात है और वो ये है की ये पैसा बचा बचा के ब्लू चिप स्टोक्स में इन्वेस्ट कर रहे थे और सालों तक इंतजार किया जो कि कंपाउंड होके 8मिलियन डॉलर बन गए मतलब की 64 करोड़ रुपए हो गए। दूसरी तरफ अच्छा पढ़ा लिखा ,MBA किया हुआ इंसान Richard Fuscone कामयाब इंसान 40 तक रिटायर्ड हो चुका , दुनियां की भलाई और चेयरटी में दान ,इनका नाम दुनियां मानती थी , हर परसिद्ध मैगजीन में नाम ,टॉप बिजनेस लोगों में नाम सन् 2000 में 18000 sc feet का आलीशान घर इन्होने लिए वो भी लोन पर इन्होंने लिया वो भी लोन पर, बंगला इतना बड़ा था की महीने की मरम्मत

का खर्चा 90,000 डॉलर मतलब 70 लाख इंडियन रुपए मरम्मत का खर्च था महीने का । किसे पता था 2008 में फाइनेंशल क्राइसिस आएगा ,MBA Richard Fuscone बरबाद हो गया। कोई एक्टिव इनकम नहीं और वो घर नीलाम हो गया, कौनसा घर वहीं घर जहां लेट नाइट पार्टी होती,एक से एक हाई क्लास बिजनेसमैन अयायसी करते। पता है घर कितने में बिका? मार्केट रेट से 75% नीचे का मतलब 100 का 25 मिला । एक तरफ एक अनपढ़ इंसान 100 करोड़ की दौलत छोड़कर जा रहा है और यहां एक पढ़ा लिखा होशियार इंसान बरबाद हो रहे,क्या कारण बर्बाद होने का। पढ़ाई में रूल (नियम) होते है। पढ़े लिखे स्मार्ट रूल फॉलो करते हैं पर फाइनेंस का सीक्रेट कुछ और है। कहानी में 2 बर्बाद हुए और एक 64 करोड़ छोड़कर गया क्यों? क्या कारण था? क्या सीक्रेट है पैसों का? वो है Hauman Behaviour इसी चीज को समझा रखा है The Psychology of Money Book में ये तीनों कहानी इसी बुक से ली गईं हैं। Intelligent लोग Hauman Behaviour वालों के नीचे काम करते है। The Psychology of Money इस किताब को सोने की खान का नक्शा समझ लो अगर अमीर लोगों के बिना मेहनत मजदूरी किए बिना अमीर होने का राज जानना चाहते हो तो इस किताब को घोल के पी जाओ। अब यहां से ध्यान से पढ़ना हम बहुत गहराई में जानें वाले हैं। कोई भी चीज़ प्रैक्टिकल सीखनी है तो उससे सीखो जिसने वो करा है। हम इतने लकी है हमारे पास पृथ्वी के 500 पॉवरफुल और धनी लोगों के इंटरव्यू लेकर 20 साल की कड़ी मेहनत और रिसर्च करके वो राज एक किताब में उतारा हुआ है ।वो किताब है थिंक एंड ग्रो रिच

अब मैं आपको धन के बारे में जो भी जानकारी है वो इसी किताब की मदद से बताऊंगा बहुत ही आसान करके ताकि कोई भी बच्चा या बड़ा इस अमीरी के राज को समझ करके अप्लाई करके अपने आपको अमीर बना सकता है।

तो चलिए स्टार्ट करते है ..

1

Desire - Burning Desire मतलब तीव्र इच्छा

खून उबल रहा है अमीर बनना है किसी भी हाल में बनना है। शिकागो में आग लग गई सबके घर स्टोर जल गए ,इलाका धुंआ धुंआ हो गया सारा। सबने शिकागो छोड़ने का प्लान करा ,सबने कहा नहीं यार अब हम यहां नहीं रह सकते ,वहां पर एक Merchent ने कहा नहीं यार, मैं इसी जगह फिर से दुनियां का Gratest स्टोर बनाऊंगा चाहे कितना ही जल के राख हुआ हो , मैं बना के दिखाऊंगा और उसने कर दिया।

युद्ध के वक्त कम सिपाही के साथ लीडर ने कहा वापिस जाने की शिप चला दो ,शिप वाले ने कहा अगर हमे जिंदा रहना है तो युद्ध जीतना होगा और उन्होंने युद्ध जीत लिया । बर्निंग डिजायर करना है तो करना है । बर्न्स का बर्निंग डिजायर था कि कुछ भी हो जाए,मुझे थॉमस अल्वा एडीसन के साथ काम करना है । ये नहीं कहा की मैं कोशिश करूंगा वो मुझे जॉब दे उन्होंने कहा मैं उनको मेरे साथ काम करते हुए देखूंगा और उन्होंने कर दिया। ये होता है बर्निंग डिजायर। एक होता है अमीर बनना है, विश है।

और एक होता है चाहिए।

और एक होता है चाहिए ही चाहिए।

2

Faith विश्वास

दुनियां का कोई एक ऐसा इंसान दिखा दो जो अमीर बना हो बिना किसी विश्वास के। अगर कोई आपको ये कहे कि आपको ये किताब पढ़नी है एक महीने में और एक महीने बाद आपको एक करोड़ रुपए मिलेंगे , तो आप पढ़ लोगे, क्यों, क्योंकि यहां विश्वास है की ये करने से मिलेगा ही मिलेगा , क्योंकि दिमाग में बैठा हुआ है मिलेगा ही मिलेगा।

विश्वास के कारण ही आप 100 बार गिरने के बाद उठते हो। Faith is Antidote Of Failure.

विश्वास की शक्ति इंसान से वो करवा देती है, जो साइंस भी नहीं समझ सकती। इससे चमत्कार होते हैं।

रोज आपको क्या करना है ?

मैं _ ये हूं ।

मैं अमीर हूं।

मैं पॉवरफुल हूं।

मैं ग्रेटेस्ट हूं।

ये Affirmation आपको करना है । जो भी आपको बनना है उससे रिलेटेड Affirmation आपको मंत्र जप की तरह जपना है । जब तक वो Affirmation आपके दिमाग में न बैठ जाएं। और जो भी अफर्मेशन आप जपो उस पर आपको एक परसेंट भी शक नहीं होना चाहिए। और ये होगा Auto Suggestions से...

इसलिए तीसरा चैप्टर है Auto Suggestions

3

Auto Suggestions
आत्म सुझाव

ये क्या है? आप जीवन के सारे फैसले लेते हो अवचेतन मन/दिमाग से जिसे Emotional या Habitual Mind भी कहते हैं।आप पूरे दिन जो भी काम करते हो इसी माइंड की वजह से करते हो। कोई भी मन करता है कुछ करने का ,सब इसी माइंड की वजह से करते हो। आदत सारी इसी के अंदर है, इमोशन सारे इसी के अंदर है। Auto Suggestions यानि कि अपने अवचेतन दिमाग को तैयार करना या आदेश देना की आपको क्या करना है । एक कमजोर इंसान भी अगर ये बोलेगा कि..I am the Greatest Person तो उसका माइंड एक टाइम बाद उसे सच मान लेगा कि मैं ग्रेटेस्ट हूं और फिर वो वहीं करेगा जो एक ग्रेट इंसान करता है । सारा खेल मानने का है तो अपने इस दिमाग को बताओ की आप क्या हो?

4

Specialised knowledge
विशेष ज्ञान

कई प्रोफेसर आपने देखे होंगे जो पढ़ाते हैं बहुत अच्छा लेकिन उनके स्टूडेंट्स अमीर बन जाते हैं वो खुद नहीं बन पाते । क्योंकि नॉलेज मिल गया टीचिंग आ गई पर संगठन नहीं बना पाएं। नॉलेज का यूज करके अपने फायदे के लिए ,यूज में लेने की स्किल को बोलते है Specialised knowledge, ज्ञान से कुछ नहीं होगा अगर उसे उपयोग करने की Specialised knowledge नही होगी। कहते है कि Knowledge is Power ज्ञान ही शक्ति है । ज्ञान शक्ती तब बनती है जब उसे हकीकत में भी बदलना आता हो। हम अमीरों करोड़पतियों के बारे में पढ़ते हैं यार इन्होंने तो पढ़ाई करी ही नहीं,ये तो ज्यादा पढ़े लिखे नहीं है। जैसे हेनरी फोर्ड ने पढ़ाई नहीं करी लेकिन कार बना दी।Educate एक लैटिन वर्ड है, Educo यानी कि खुद को उजागर करना या खुद को खुद के अंदर से खुद को Devlap करने को ही कहते है Educate, शिक्षित होने का मतलब किसी एक प्रकार का ज्ञान का होना नहीं बल्कि अक्ल का होना है । कि जो चाहे मैं इस दुनियां में सीख सकता हूं । किसी व्यक्ति को ज्ञान है और किसी व्यक्ति को ज्ञान के साथ उपयोग करने की समझ भी है तो इस ज्ञान को कहते है Specialised knowledge और अमीर लोगों में ये होती है ।

5

Imagination
कल्पनाशक्ति

ये 2 तरह की होती है। एक जो पता है / आता है, Past Stories से थियोराइज से कल्पना करते हुए किसी चीज को इमेजिन करना इसे कहते है Syntatic Imagination जो पता है उसके आधार पर सोचना।

दूसरा Creative Imagination मतलब जो नहीं हुआ वो सोचना। जो नहीं हुआ उसके बारे में Creative तरीके से सोचना। आप वो सब कुछ पा सकते हो जो आप सोच सकते हो और आप वो सब कुछ सोच सकते हो जो आपने अभी तक नहीं सोचा। एक आइडिया, एक विचार आपकी ज़िन्दगी बदल सकता है। एक विचार से मेरी बुक बनी है। एक विचार ने मेरी जिंदगी बदली है। आप सिर्फ एक अच्छे आइडिया से दूर हो अपनी लाइफ को पूरी तरह से बदलने के लिए। एक बुक पब्लिशर ने एक बार बुक लॉन्च करी और वो फ्लॉप हो गई। इतनी चली नहीं इतनी बिकी नहीं। फिर उन्होंने क्या किया सिर्फ बुक कवर चेंज किया और 10 लाख से ज्यादा किताबे बिक गईं। ये आइडिया आना इमेजिनेशन का खेल होता है। ये आइडिया बहुत ही सिंपल होते है बस सही वक्त पर आते नहीं है। इसलिए कल्पना इमेजिनेशन का सहारा लेना होता है। अमीर लोग इमेजिनेशन का सहारा लेते है और दुनियां बदल देते है।

6

Orginazed Planing
संगठित योजना

कितना भी बड़ा गोल / सपना बना लो ,बिना प्लानिंग के कभी पूरा नहीं होता । प्लान कभी भी परफेक्ट नहीं होता उसे पीट पीट कर परफेक्ट बनाया जाता है। प्लान परफेक्ट नहीं होता उसे बनाना पड़ता है। एक आइडिया लोहे की तरह होता है उसे पीट पीट करके हमारे लायक बनाना होता है । हरएक फेलियर पिटाई होती हैं। जब आप फैल होते हो तो आपको खुश होना चाहिए कि यार मेरी प्लानिंग पहले से अब और बैटर बन गई।

7

Decision निर्णय

कोई भी प्लानिंग करते हो । उस पर काम भी करना अहित है । सिर्फ प्लानिंग से सब कुछ थोड़ी होता है । जो बड़ा नहीं कर पाते वो बहुत धीरे धीरे सोचकर बहुत लेट फैसले लेते है और झटके से बदल फैसले बदल देते है। पर जो बड़ा कर पाते हैं वो झटके से फैसले लेकर उसको धीरे धीरे अपने accroding बदल देते है । दूसरा वाला करना है । एक और बात 500 खुद से बने अरबपतियों , करोड़पतियों से निकल करके आया है कि जिनका बर्निंग डिजायर था पैसों का ,वो दूसरों की बातों में आते नहीं थे । इससे इनका निर्णय बदलता नहीं था । इनका फैसला स्थिर रहता था और सिथरता को हल्के में मत लेना । मानव जाति पृथ्वी पर आई जब है जब पृथ्वी स्थिर हुई है । हम आएं ही स्थिरता की वजह से हैं। स्थिर आप रह पाओगे जब आप चेप्टर नंबर 8 ध्यान से पढ़ोगे ।

8

Persistence दृढ़ता

हमने बर्निंग डिजायर जाना वो पागलों की तरह रखो, जितनी बड़ी आग होगी उतना बड़ा रिजल्ट होगा , एक चिंगारी से उजाला ही उतना होगा । जैसी आग वैसी Heat, उतना ही मुश्किल होगा उसे बुझाना। इसके लिए आपको वैसे ही लोगों के बीच में रहना होगा । निश्चय वाले लोग किसी से मानते नहीं है। ये जो सोचते है वो करके ही रहते है । एक बॉडी बिल्डर को पता होता है हमारी इतनी उम्र नहीं है एक टाइम के बाद हमें भी बुढ़ापा देखना है लेकिन चैम्पियन शिप की दृड निश्चयता इतनी होती है की वो जीत के ही मानते है ।चाहे बाद में कुछ भी देखना पड़े ।

9

Power of Master Mind
मास्टरमाइंड की शक्ति

Power का मतलब है नॉलेज को Orgainzed करना । बिना पावर कोई भी प्लान यूजलेस है,उसको हकीकत में नहीं बदल सकते । Power मतलब Orgainzed Knowledge और मास्टर माइंड मतलब सबकी नॉलेज ,सबके प्रयास सबकी स्क्रिपिट को तालमेल मे बैठा करके एक गोल के लिए मेहनत करनी।

10

Sex Power यौन शक्ति

Hauman हिस्ट्री में सबसे पावरफुल इमोशन सेक्स टॉप पर है। इंसान जो कुछ भी करता है इमोशन से करता है उसके अन्दर से आता है वो करता है , जैसे लव , डर,पैसा कमाना ,नाम , फेम, म्यूजिक, फ्रेंडशिप इंसान इन पर चलता है । 10 पावरफुल इमोशन है ह्यूमन हिस्ट्री में देखो सेक्स टॉप पर है। 500 अमीर लोगों से पता चला है कि उन्होंने अपने सेक्स इमोशन को ट्रांसमेट किया अपने काम में लगाया ,वो एनर्जी,वो शक्ति,वो तीव्र इच्छा अपने काम में लगाई। ये एक्सरसाइज है आपके Will Power की,आपकी इच्छा शक्ति की और अगर ये कंट्रोल कर लिया तो दुनियां में ऐसा कुछ भी नहीं बचा जिसको कंट्रोल करना मुश्किल होगा । नेपोलियन हिल ने किताब में लिख दिया कि ये काबू में करने वाला इंसान क्रिएटिव इमेजिनेशन खोल देता है 6th sense का द्वार खुल जाता है। वो इंसान जिन्नी बन जाता है जिसके पास Infinate Intelligence होती है।

11

Subsconsious mind
अवचेतन मन

अवचेतन मन में ही सारी फीलिंग्स होती हैं। विचारों को हकीकत में बदलने का मीडियम है अवचेतन मन। इसी में आदत , इमोशन, मूड, विश्वास, डिजायर, फीलिंग्स,मोटिवेशन ,प्यार,आशा,डर, सेक्स सब इसी में है। इसको सही गलत समझ नहीं आता है। इसमें आप जो भी डालोगे वो ही एक्शन बन जायेगा । डर डालोगे डर प्रकट होगा । प्यार डालोगे प्यार प्रकट होगा । इसलिए इसमें आपको सोच विचार के इमोशन डालने है। डर नफरत जलन बदले की आग , अंधविश्वास,गुस्सा या लालच ये नहीं डालना है दिमाग में । ऐसा करने से आपका पैसों में नुकसान होता है ।

12

The Brain दिमाग

आपका दिमाग ब्रॉडकास्टिंग और रिसीविंग स्टेशन है। इंसान की अपनी वाइब्रेशन होती है । इंसान का अपना औन्दा होता है । सक्सेसफुल लोगों के आस पास जाते ही अच्छा फील होता है और नफरत करने वाले लोगों के पास जाते ही बुरा फील होता है क्यों? क्यों होता है ? ओनदा वाइब्रेशन की वजह से । दिमाग से विचारो की वाइब्रेशन ब्रॉडकास्ट होती है और क्रिएटिव इमेजिनेशन रिसीव होती है । ये वाइब्रेशन से होता है। तभी सोचते हुए दिमाग में आता है कि आपको लगता है कि यार ये आप नहीं सोच रहे हो ऐसे लगता है ये आपको कोई बता रहा है । मैंने अपनी पिछली किताब (अपनी सक्सेस का दरवाजा खोले) लिख रहा था तब मैं कई बार रात में भी लिखता था ,तब मुझे ऐसा लगता था की जेसे ये मैं नहीं लिख रहा ऐसा फील होता था की जैसे कोई मुझे बता रहा हो। बहुत से लोगों को अभी भी अपने दिमाग की पॉवर का पता नहीं है। इसलिए मैं आपको आपके दिमाग की पॉवर को आपको अहसास करवाना चाहता हूं । आपको करना क्या है । आप सुबह उठना और पुरे दिन प्यार से बातें करना जो भी मिले उससे। आपका दोस्त रिश्तेदार,भाई बहन परिवार में जो कोई भी मिले ,ऑफिस में रास्ते में,कही भी कोई भी मिले उससे प्यार से बात करनी है चाहे कोई आप पर कितना भी गुस्सा हो ,चिल्लाए, और अगर आपको लगे की बात हद से ज्यादा बाहर जा रही तो मौन हो जाना । शाम को सोने से पहले वो लिख लो जिस जिस से बात हुई । उसके बाद आप देखना की सिर्फ आपके एक दिन प्यार से बात करने पर कितना कुछ अच्छा हो गया । आपको अपने आप अहसास हो जाएगा आपको क्या नया मिला ।

13

Six sense छठी इंद्री

बहुत इंपोर्टेंट है ये । 6th sense आपने बहुत बार सुना होगा लेकिन लोगों ने इसे बार बार अपनी भाषा में बोल बोलकर हल्का कर दिया । 6th sense is very Difficult to understand.

इस चेप्टर को अच्छे से समझने के लिए आपको पिछले सारे चैप्टर अच्छे से पढ़ने होंगे । इससे आप सीमित दिमाग से अनगिनत बुद्धि पा सकते है । आविष्कारक, मिलिनेयर बिलियनेयर इन सबको हंचेस आते है , इन्हें लगता है कि ये वो काम खुद नहीं कर रहे अंदर से ही जुनून जागता है कि हां ये करना है । इसमें मेडिटेशन की जरूरत पड़ती हैं। स्टीव जॉब्स जब इंडिया आए थे नीम करौली बाबा के पास ये ही सीखने के लिए और उन्होंने इनको इसमें इतना मास्टर कर दिया कि इनको छठी इंद्री का प्रयोग करना आ गया । जो दुनियां को लगता है की ये असंभव है लेकिन इनको लगता था वो ये कर सकते है। इसको बोलते है 6th sense कई बार हमें लोगों के चमत्कार लगते है लेकिन वास्तव में इन्होंने इसको मास्टर करा है।

14

गरीब से अमीर कैसे बने ?

"मैंने धन को आकर्षित करने का एक महान तरीका खोजा है - मेहनत"

- कार्टिश डी. टकर

"कुछ आदतें आपको अमीर बनाती है और कुछ आदतें आपको गरीब बनाती है। ज्यादातर गरीब लोग गरीब इसलिए रहते है, क्योंकि उनमें गरीब आदतें होती है। अगर आप अमीर बनना चाहते हो तो आपको बस खुद को अमीर आदतों का परशिक्षण देना होगा"

- रॉबर्ट कियोस्की

प्रत्येक व्यक्ति अमीर क्यों नही होता?

प्रत्येक व्यक्ति अमीर बनना चाहता है और अमीर बनकर ही अपने जीवन को गुजारना चाहता है, लेकिन फिर भी ऐसा क्यों होता है कि केवल कुछ लोग ही बेहद सम्पन बन पाते हैं और बाकी लोग अपना जीवन दरिद्रता व गरीबी मे बीता देते हैं। व्यक्ति गरीब पैदा हो सकता है लेकिन वह गरीब रहकर ही मृत्यु को प्राप्त हो जाता है तो इसका अर्थ है कि उस व्यक्ति के अन्दर ऐसी आदतें नही थी, जिनके माध्यम से वह अमीर व संपन्न बनकर अपने जीवन को खूबसूरत बना सकता था ।

15

करोड़पति कैसे बने?

आप ये किताब पढ़ रहे हैं इसका सीधा सा मतलब है आप अमीर बनना चाहते हैं। अब हम यहां पर अमीर बनने के भिन्न भिन्न तरीको के बारे में बात करेंगे। यहां मैं आपको एक ऐसा कोई ज्ञान नहीं देने वाला की आप ये कर लो आप करोड़पति बन जाएंगे। बल्कि यहां मैं आपको अमीरों वाला एक रोडमैप दूंगा आप उससे अपने अनुसार प्रयोग में ला सकते हो और करोड़पति बन सकते हो।

तो सबसे पहले बात करते है रोज 100 रू बचाकर करोड़पति कितने दिनों में बन सकते हैं?

यदि आप रोज के 100 रू बचाकर करोड़पति बनने की सोच रहे हैं तो यह एक बहुत ही अच्छी बात है क्योंकि ज्यादातर लोग तो अपना अधिकतर रुपया खर्च कर देते हैं और ऐसा सोचते भी नही है।

देखिए आप कितने रुपए कमाते हैं यह इतना महत्वपूर्ण नही है जितना कि ये आप कितने रुपए बचा पाते हैं और उससे भी ज्यादा जरूरी है कि आप उस बचाए हुए पैसे को

निवेश कहा करते है यानि सारा खेल निवेश और पैसे से पैसा बनाने का हैं।

तो चलिए अब रोज के 100 रुपए बचाकर करोड़पति कितने दिन मे बन सकते हैं इसे 3 प्रकार से समझते हैं

(1) रोज 100 रुपए बचाए (कही भी निवेश ना करे) तो कितने दिनों में करोड़पति बन सकते हैं।

(2) रोज 100 रुपए बचाए और बैंक में फिक्स्ड डिपॉजिट करवा दे तो कितने दिन मे करोड़पति बन सकते हैं।

(3) रोज 100 रुपए बचाए और कही निवेश करे तो कितने दिन मे करोड़पति बन सकते हैं।

(1) रोज 100 रुपए बचाए और अपने पास रख ले।

अगर आप हर दिन 100 रुपए और इन्हे कही भी निवेश ना करे, सिर्फ अपने पास रखते जाए तो आपको 1 करोड़ रूपए बचाने में लगभग 274 साल लग जाएंगे। इसे आप निम्न प्रकार से समझ सकते हैं

एक करोड़/100= एक लाख दिन

1 लाख दिन/365= 273.97 साल

यदि आप रोज के 100 रुपए बचाए और उन्हें अपने पास रखते हैं तो 274 साल लग जाएंगे आपको करोड़पति बनने में जो कि ह्यूमनली हमारे कोई काम का नहीं है।

(2) रोज 100 रुपए बचाए और बैंक में फिक्स्ड डिपॉजिट कर दे।

SIP Calculator

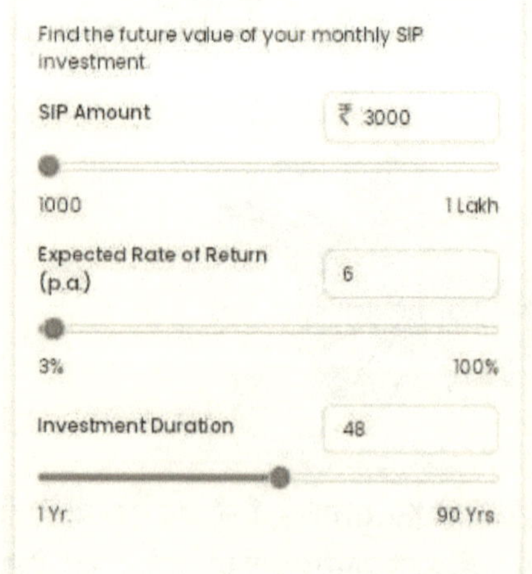

ज्यादातर बैंक आपको लंबी अवधि के फिक्स्ड डिपॉजिट पर 6% तक का वार्षिक ब्याज देते हैं और यदि आप रोज के 100 रुपए बचाते हैं तो हर महीने का 3000 रुपए (लगभग क्योंकि कोई महीना 31 का भी होता है और फरवरी 28/29 का होती हैं) होता है ।

इसलिए यदि आप रोज 100 रुपए बचाए और उन्हें हर महीने बैंक में फिक्स्ड डिपॉजिट करते जाए तो आपको एक करोड़ रुपए कमाने में 48 साल लग जाएंगे। जिससे आप ऊपर फोटो की सहायता से समझ सकते हैं।

अब यहां गौर से सोचने वाली बात है कि यदि आपने इतने साल बाद 1 करोड़ रूपए कमा भी लेते हो तो भी क्या फायदा क्योंकि 2012 से 2022 के अब तक यानि अब तक के लास्ट 10 वर्षा में इंडिया की महंगाई दर 6.98% की हैं जो लगभग बैंक के फिक्स्ड डिपॉजिट से थोड़ी ज्यादा ही हैं। चलिए अब इसे एक उदाहरण से समझाता हूं कि यदि 50 साल बाद आपके पास 1 करोड़ हो जाते है तो आप उस समय के हिसाब से कितने अमीर होंगे।

तो देखिए आज से 10 साल पहले यानि 2010-11 में चीनी लगभग 15-17 रुपए किलो आती थी जो आज 42 रुपए के लगभग है यानि 10 साल में ही यह लगभग ढाई गुना से भी ज्यादा महंगी हो गई। अतः अगर चीनी के हिसाब से देखा जाए तो रुपए की वैल्यू लास्ट 10 सालों में आधे से भी ज्यादा कम हो गई क्योंकि जहां आप 2010 में एक किलो चीनी 17 रुपए में खरीद सकते थे आज उसी एक किलो के लिए आपको 42 रुपए देने पड़ रहे हैं जो लगभग ढाई गुना से भी ज्यादा है तो अब खुद से ही समझ लीजिए कि अगर 50 साल बाद आपके 1 करोड़ रूपए की वैल्यू आज के हिसाब से सिर्फ ढाई से तीन लाख रुपए ही रह जायेगी।

(3) रोज 100 रुपए बचाए और कही निवेश करे।

जैसे कि मैंने आपको शुरू में ही बताया था कि आप कितने पैसे कमाते हैं यह उतना ही महत्वपूर्ण नहीं है जितना कि ये आप कितने पैसे बचा पाते हैं क्योंकि ज्यादातर लोग पैसे बचा ही नहीं पाते हैं लेकिन सबसे महत्त्वपूर्ण बात ये है कि आप उस बचाए हुए पैसे को निवेश कहा करते है , पैसे से पैसे कैसे बनाते हैं क्योंकि करोड़पति बनने और अमीर बनने का खेल यही से शुरू होता है।

1. रोज 100 रुपए बचाकर हर महीने म्यूचअल फंड से करोड़पति कितने दिन में बन सकते हैं।

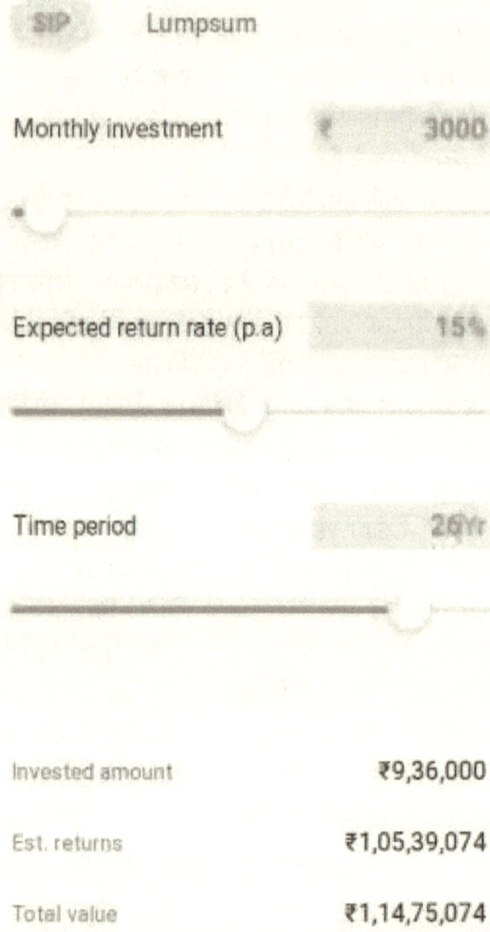

देखिए ऐसे तो म्यूचअल फंड में कितना रिटर्न मिलता है यह फिक्स निर्धारित नही है क्योंकि अलग-2 म्यूचअल फंड अपने प्रकार के हिसाब से अलग-2 जगहों पर पैसे निवेश करते हैं पर फिर भी औसत रूप से और लंबे समय में 15% तक का वार्षिक रिटर्न म्यूचअल फंड आराम से दे देता है।

तो इस प्रकार आप रोज 100 रुपए बचाकर यानि कि हर महीने 3000 रूपये लगाकर 25 वर्ष में करोड़पति बन सकते हैं जिससे आप ऊपर चित्र में देखकर समझ पाएंगे।

(2) रोज के 100 रूपये लगाकर शेयर बाजार से करोड़पति बनने का उपाय

देखो शेयर मार्केट में 100 रूपये लगाकर करोड़पति कितने दिन मे बन सकते हैं इसका कोई फिक्स समय तो निर्धारित नही है पर यदि आपको शेयर मार्केट की थोड़ी बहुत समझ है तो रोज के 100 रूपये या महीने के 3000 रूपये की बात छोड़िए क्योंकि आप फुल टाइम में मार्केट में काम करके मार्केट को समझ करके आप सिर्फ कुछ हजार या कुछ लाख रुपए लगाकर भी करोड़पति बन सकते हैं।

चलिए मैं आपको इसे 2-3 उधहरणों से समझाता हूं कि आप शेयर मार्केट में कितने रुपए लगाकर कितने दिन में करोड़पति बन सकते हैं।

(i) यदि आपने 10-11 साल पहले 1 लाख 35 हजार रूपये बुलेट रॉयल एनफील्ड बाइक खरीदने के बजाय इससे बनाने वाली कंपनी में लगाये होते जिसका नाम है Eicher motor में निवेश किए होते तो आज आपके पास 4 करोड़ से भी ज्यादा अमाउंट होता है।

(ii) यदि आपने आज से 10 साल पहले GNIFOSYS में सिर्फ 10,000 रुपए लगाए होते तो आज आपके पास 3 करोड़ से भी ज्यादा रूपये होते।

(iii) यदि आपने 1993 में WIPRO कंपनी में सिर्फ एक लाख रुपए लगाए होते तो आज आपके पास 113 करोड़ से भी ज्यादा रूपये होते।

(iv) यदि आपने 1993 में Bajaj finance में सिर्फ एक लाख रुपए लगाए होते तो आज आपके पास 10 करोड़ से भी ज्यादा रूपये होते।

यही पॉवर है शेयर मार्केट की अगर आप अभी तक शेयर मार्केट के बारे मे नही जानते या जानते भी हो तो शेयर मार्केट को जुआ या स्ट्टा मत कहो। शेयर मार्केट से पैसे कमाना कोई बड़ी बात नहीं है बस आपको इसके बारे में बेसिक चीज़े भी पता हो जैसे - future growable company ढूंढना सही शेयर चुनना इसके बारे में पता हो तो आप आसानी से कई गुना पैसा कमा सकते हैं। अगर अभी तक आपको शेयर बाजार के बारे में बिल्कुल भी जानकारी नही है तो आप हमारी पिछली बुक (अपनी सक्सेस का दरवाजा खोले) ये पढ़ो उसमे आप ये सब कुछ आसानी से सीख सकते हो।

16

कम समय में अमीर कैसे बने?

या कहे तो 1 साल में एक करोड़ रूपये कैसे कमाये ?

अगर आप कम समय में अमीर बनना चाहते हैं या एक साल में एक करोड़ रूपये कमाना चाहते हैं तो ये बड़ा मुश्किल भी है और आसान भी।

मेरे हिसाब से आप एक करोड़ रूपये इस तरह से भी कमा सकते हैं।

एक करोड़ रूपये कमाने से पहले आपको अपने अंदर तीन बाते देखनी है-

(1) आपकी योग्यता

(2) आपके रिसोर्स

(3) आपका हुनर

इन तीनो में से आपके पास जरूर कोई एक चीज होगी आपकी जो भी क्वॉलिटी हो उसको अच्छे से समझे और उसी क्वॉलिटी के हिसाब से एक करोड़ कमाने के लिए प्लान करो। पहले एक करोड़ को आप इस तरह से समझो:-

मान लो आपके पास कोई प्रोडक्ट है उसे आपको सेल करना है उस प्रोडक्ट की कीमत मान लो 500 रूपये हैं।

आप अगर 20,000 लोगो को सेल करते हो तो 20,000*500=1000000 अब यहां आपका टाइम भी डिपेंड करता है । अगर आप 20,000 लोगो को ये प्रोडक्ट एक महीने में बेच दोगे तो एक महीने में कमाओगे, एक दिन में बेच दोगे तो एक दिन में एक करोड़ कमाओगे। ये निर्भर करता है कि आपका एक करोड़ कमाने का प्लान कैसे करते हो।

अब अगर उस प्रोडक्ट की कीमत 250 रु हो तो 4000 लोगो को सेल करो 4000*250=10000000 यहां भी आप अपना Time Plan करके महीने या दिन के हिसाब से कमा सकते हो।

अब अगर उस प्रॉडक्ट की कीमत 100 रूपये हो तो 10,000 लोगो को बेचना होगा 10,000*100=10000000

तो यहां समझने वाली चीज क्या है कि सेल करो बेचो लोगो को।

बिजनेस क्या होता हैं जहां प्रॉडक्ट या सर्विस सेल करके पैसा कमाया जाता है।

कोई समान बेचता है, कोई सर्विस देता हैं, कोई कोर्स बेचता है, कोई किताब बेचता है, कोई पैन बेचता है।

सिम्पल सा नियम है पैसे का

कम कीमत का समान ज्यादा लोगो में बेचो।

या ज्यादा कीमत का समान कम लोगो में बेचो।

अब देखो मान लो आपके पास 20,000 रूपये का कोई प्रॉडक्ट है तो आपको एक करोड़ कमाने के लिए सिर्फ 500 लोगो को बेचना है। ये पढ़ने में कितना आसान है ना, लेकिन सच्चाई ये है 20,000 वाला प्रोडक्ट भी तभी बनेगा जब आपके पास कोई अलग लेवल का आइडिया होगा जिससे लोगो के काम की चीज या सर्विस उन्हें दे सके।

इससे कोई फर्क नही पड़ता है कि आपका प्रोडक्ट 10 रूपए का हैं या 20,000 का , फर्क इससे पड़ता है कि क्या आप लोगो को अपना प्रॉडक्ट बेच सकते जिन्हे आपके प्रोडक्ट से फायदा हो या लोगो के काम हो।

लोग आपको अपनी जेब से पैसे तभी निकालकर देगें जब वो चीज उनके काम की हो या उन्हें अच्छी लग रही हो।

आप भी कोई चीज खरीदते हो तो आप भी उसे खरीदने से पहले अंदाजा लगा लेते हो की इससे क्या फायदा होगा या आपको अच्छी लगती हैं या नहीं।

ऐसे तो फिर आप एक बार अपने दिमाग पर जोर देकर सोच कर देखो जो कम्पनी 1रु की टॉफी बनाती हैं या जो कम्पनी 1रुपए वाले शैम्पू बनाती हैं उन्हें तो फिर अपनी कम्पनी बंद कर देनी चाहिए क्योंकि अगर वो भी ये सोचने लगे कि 1 करोड़ कमाने के लिए हमें एक करोड़ कस्टमर कैसे मिलेंगे।

लेकिन नही उन्हें पता है उन्हे अपना प्रोडक्ट सेल करना आता है।

कस्टमर अपने आप मिलेंगे जब आपके प्रोडक्ट में दम होगा।

और मैं आपको चैलेंज कर सकता हूं कि आप किसी चीज को सेल करना सीख जाते हो अपनी शर्म छोड़ दो, अपने ऊपर विश्वास करो और ये सोचना छोड़ दो की लोग क्या कहेंगे।

और सेलिंग सीखने के लिए आप ये ट्राई कर सकते हो आप बाजार से होलसेल रेट से पैन के पैकेट खरीदो और रोज उसे लोगो में बिना किसी की परवाह किए लोगो को बेचने की कोशिश करो। इससे होगा क्या आप नए-नए लोगो से मिलोगे, उनकी सोच को जान पाओगे और ये भी जान पाओगे कि आपका प्रोडक्ट लेने और न लेने की वजह क्या थी।

अब समझो आपको जितना भी महीने का, साल का कमाना है उसके लिए पहले प्लान करो। जैसे मान लो आपको एक साल में एक लाख रुपए कमाने है। तो आप प्लान करो ऐसे -

1 लाख=12 महीने में

अब इसके पार्ट -2 में कर लो महीनो में

1,00,000/12= 8334 रुपए महीने के कमाने होंगे।

अब इसमें मैं आपको 3 सिचुएशन देता हूं आप अपने हिसाब से अपनी लाइफ में अप्लाई कर सकते हो।

(1) अगर अभी आपके घर का खर्चा कोई और चला रहा है

मतलब आपके मम्मी पापा, बड़ा भाई, बहन जो कोई भी बस आपको छोड़कर तो आपको सिर्फ कोई ऐसा काम करना है जिससे आप महीने के 8334 रु कमा सको चाहे वो जॉब हो बिजनेस हो कुछ भी हो।

और फिर इससे 3से 5 साल पैसा इक्ट्ठा करो और साथ में time निकालकर आगे की प्लानिंग करो जैसे कि 5 साल बाद इस पैसे से पैसा कमाने के लिए क्या बिजनेस करोगे।

(2) अगर घर का खर्चा चलाने की जिम्मेदारी आप पर हो तो आपको कोई ऐसा काम या जॉब करनी होगी या खुद का बिजनेस करना होगा जिससे आप 8334 रूपये महीने के बजाए 21820 रू महीने के कमा पाओगे मतलब 8334 रूपये आपके सेफ रखने हैं और बाकी पैसा आपके घर खर्च, बीमारी, वगेरह घूमने जाने के लिए भी पर्याप्त हो। इसमें आप अपने पैसे को बैंक में जमा करवाओगे तब आप अपने बैंक से Auto Sweep Facility चालू करवा सकते हो जिसमे आपको नॉर्मल ब्याज से अच्छा ब्याज मिलता रहे।

(3) हो सकता आपमें से कोई हर रोज़ भी 1000-2000-3000 रु भी कमा रहे हैं तो आपको बड़ा प्लान करना होगा और इतने नही कमा रहे हो तो आज आपके पास गुगल, यूट्यूब सिर्फ आधा सेकंड ही दूर है। आप ऑनलाइन पैसे कमा सकते हैं। जैसे -नेटवर्क मार्केटिंग, एफिलिएट मार्केटिंग से, यूट्यूब से , इंस्टाग्राम से Blog लिखकर, किताब लिखकर, म्यूजिक, पेंटिंग बनाकर उसे आप सिर्फ़ सोशल मीडिया पर डाल कर लाखो करोड़ों लोगों तक पहुंचा सकते हो।

यह किताब पढ़कर आपको कैसा लगा और इस किताब को पढ़ने के बाद आपके जीवन में क्या बदलाव आया ?

क्या आप सफलता के पथ पर चल रहे हैं? इस किताब ने आपके जीवन पर क्या असर डाला है? इन सब के बारे में मेरी मेल या इंस्टाग्राम पर लिखकर जरूर बताइएगा।

इस किताब का दूसरा सकलन भी फिर जल्द ही प्रकाशित किया जाएगा जिस बुक में आपके दिए गए फीडबैक को भी छापा जायेगा ताकि आपके जीवन में जो बदलाव आया है उसके बारे में सबको पता चल सके। लोगों को आगे बढ़ने के लिए प्रेरणा मिले। और मैं आपकी इन्वेस्टिंग यात्रा को आसान करूंगा । तो कनेक्टेड रहिए मेरे साथ । मिलते हैं अगली Ebook के साथ। WISH YOU ALL THE VERY BEST FOR YOUR BRIGHT FUTURE

मैं राजेंद्र वर्मा आपके सपनों को सपोर्ट करता हूं ♥

मेरी mail Id है <u>rajverma228786@gmail.com</u>

Instagram I'd है <u>@upcoming_billionaire21</u>

इस किताब को पढ़ने के लिए आपका कोटि कोटि धन्यवाद।

9 798888 837818